Il cuore da supereroe

Christel Land

Tradotto da Roberto Amato
Illustrato da Wathmi de Zoysa

ISBN : 9798717102001

A Felix con amore

Si sa che ogni petto contiene un cuore,
e che di cuori non ne esistono due uguali
Ed è per questo che a noi il mondo piace molto
con tutte le emozioni che troviamo in ogni volto

Se in famiglia qualcuno ha un cervello da supereroe
già saprai, son molti i modi, di essere intelligente
Ti avevano mai detto però, che dentro di te
c'è un cuore da supereroe che è molto potente?

Il cuore da supereroe può fare tutto quello
che un cuore normale sa fare di bello
Amore, speranza e sincerità
Ma può far anche qualcosa di fantastico
Il tuo super cuore sa essere elastico!

Il tuo cuore se lo vuoi, sa restare lì con te
Ma sa anche star lontano quando invece serve meno
Si accorcia e si allunga, come un elastico per capelli
è cosi che ti aiuta, in giorni brutti e in quelli belli

Se il cuore da supereroe ha voglia di giocare
ma il cervello da supereroe invece vuol scappare
Il cuore può intristirsi, può rimanerci male
Ma non ti preoccupare, saprà sempre cosa fare
Elastico e flessibile si deve allontanare
e cercare qualcun altro invece che soffrire

Ma a volte esser elastico non è sufficiente,
è tempo di mostrarsi davvero strabiliante

Quando il cervello da supereroe
è davvero un po' troppo provato
Non vuole più nessuno,
Non vuol esser toccato
Ed ecco che qualcuno di dolce e accomodante
può a volte diventare spaventoso e assordante

Non vuol dire che sei invadente
Non vuol dire che stai sbagliando
Quel che invece sta succedendo
è che testa e corpo non stan comunicando

Quel che senti può sembrare
più tagliente di una lancia
Ma tu hai uno scudo magico
che protegge cuore e pancia

Nonostante non si veda
questo scudo c'è davvero
Sei poi tu che lo decidi
quando usarlo col pensiero

Batti le mani due volte e il tuo scudo saprai tirar fuori
per proteggerti dalla tristezza e da tutti quei forti rumori

A volte cervelli e cuori, vogliono cose diverse:
come quando il cervello vuol programmare
ma il cuore vuole volare
Esser diversi non è affatto un problema
Comunicando ci si può aiutare
Imparare dagli altri è un vero piacere
Puoi farlo davvero in molte maniere

Progetto

Ci son cose che stancano i cervelli, li stancano completamente,
ma son facili per i cuori, che son fatti diversamente

Se il cuore è a una festa, riesce a starci tanto tempo
giocando e danzando, felice e contento

Cambiare programma può esser divertente
E se il cervello vuol davvero riposarsi
può darsi che il cuore voglia scatenarsi

Facciamo
festa

Quando invece il tuo cuore pesa come un'incudine
vieni a trovarci, non restare in solitudine!
Ti aiuteremo a ritrovare la serenità
perché sei l'amore di mamma e papà

E allora, se hai un cuore da supereroe
scopri che cose incredibili sa fare
E poi usa questi poteri speciali
Per metterti a farne di fenomenali!

Ovunque il cuore ti porterà
Tutto ciò che ti serve darti saprà.
Scopri cos'è che ti fa fare sorrisi
Trovati cose da catalogare
Qualcosa che non ti pesi
Lavori che siano un piacere
Grandi problemi prova a risolvere
Così che il tuo animo possa risplendere

Scopri quel che nella vita vuoi fare
E non perdere tempo, inizia a sognare
e a inseguire i tuoi sogni, per farli avverare!

I MIEI SOGNI

La prima volta che qualcuno mi ha parlato del mio cuore da supereroe era questo giorno:

E questi sono i nostri ricordi di quel giorno:

Hai già conosciuto "Il cervello da supereroe"?

"C'è un cervello detto autistico, ma è un po' strambo come nome.

Io lo chiamo cervello da supereroe, perché ti dà superpoteri, dei poteri da campioni di cui certo andare fieri"

Per aiutare tuo figlio a relazionarsi con la storia, ogni libro è disponibile con caratteri più grandi